Schönes Ruhrgebiet

Hans-Peter Noll

The Beautiful Ruhr

Ellert & Richter Verlag

Inhalt

Contents

Wo alles begann an der Ruhr	4	Where it all began in the Ruhr
Die Städte am Hellweg	18	Cities on the Hellweg
Entlang der Emscher	42	Along the Emscher
An Niederrhein und Lippe	62	On Lower Rhine and Lippe
Autoren, Bildnachweis, Impressum	80	Authors, Photo credits, Imprint

Wo alles begann an der Ruhr

Der lange Abschied von der Steinkohle zog sich im Ruhrgebiet über Jahrzehnte hin. Nach und nach machten die Bergwerke dicht, bis nur noch ein „Pütt", so die Umgangssprache, übrig blieb. Doch als an diesem 21. Dezember 2018 auf der Zeche Prosper Haniel in Bottrop der letzte Brocken des schwarzen Goldes gefördert und dem deutschen Bundespräsidenten Frank-Walter Steinmeier übergeben wurde, ließ der symbolische Akt niemanden unberührt. Schließlich ging damit die über 200 Jahre andauernde Bergbau-Ära an Ruhr und Emscher zu Ende – eine Zeit, die das Leben von Generationen geprägt hat.

Nach dem Zweiten Weltkrieg war der Bergbau zum Motor des Wirtschaftswunders in der Bundesrepublik geworden. Die Stahlwerke brauchten Energie, die Chemieindustrie wichtige Grundstoffe. Nicht zuletzt mussten Millionen Wohnungen beheizt werden. Eine Jahrhundertleistung, auf die man im Ruhrgebiet stolz ist.

Doch schon in den 1960er-Jahren zeigte sich, dass die heimische Steinkohle auf Dauer zu teuer sein würde. Importkohle, Erdöl, Atomstrom waren günstiger zu bekommen als das schwarze Gold, das aus Tiefen von über 1000 Metern gefördert werden musste. Die Kohlekrise nahm ihren Lauf.

Schon 2007 kam es deshalb zum sogenannten Kohlekompromiss, der einen Ausstieg aus der kompletten Steinkohleförderung im Ruhrgebiet und im Saarland bis 2018 vorsah – verbun-

Where it all began in the Ruhr

The long farewell to coalmining in the Ruhr took decades. One by one the mines were closed until only one was left. When on 21 December 2018 the last chunk of coal was mined at the Prosper Haniel colliery in Bottrop and presented to Germany's Federal President Frank-Walter Steinmeier, that symbolic act left noone unmoved. It marked the end of over two centuries of mining in the Ruhr and Emscher regions – an era that marked the lives of generations.

After World War II, mining was the motive force behind the Federal Republic of Germany's economic miracle. The steelworks needed energy, the chemical industry important raw materials. Last not least, millions of homes needed heating. It was an epic achievement of which people in the Ruhr are proud.

Yet it was clear back in the 1960s that German coal would in the long term be too expensive. Imported coal, petroleum and atomic energy cost less than "black gold" mined at depths of more than 1,000 metres. The coal crisis took its course and led in 2007 to the so-called coal compromise, providing for an end to mining in the Ruhr and the Saar by 2018 with an undertaking that no miner would be sacked.

Coal mining is now history. Shafts and galleries are being closed and infilled to prevent subsidence. The toughest task for the post-mining era is to deal with rising mine water that will need to be pumped away forever.

Schicht im Schacht: Über 200 Jahre hatte der Bergbau das Leben im Ruhrgebiet geprägt, Generationen Arbeit gegeben und war zum Motor des Wirtschaftswunders nach dem Zweiten Weltkrieg geworden. Als im Dezember 2018 auf der Zeche Prosper Haniel in Bottrop der letzte Förderkorb nach oben kam, endete der Steinkohlenbergbau in Deutschland. Ein bewegender Moment.

Last shift down the mine. Mining had characterised life in the Ruhr for over 200 years, providing employment for generations and powering Germany's post-WWII economic miracle. When the last cage came back up at the Prosper Haniel pit in Bottrop in December 2018, coal mining in Germany came to an end. It was an emotional moment.

Der Bergbaurundweg durch das Muttental in Witten gleicht einer Zeitreise durch den frühen Bergbau an der Ruhr. Hier der Nachtigallstollen im Steinbruch Dünkelberg.

The Mining Route round the Muttental valley in Witten is like a journey through time to the early days of mining in the Ruhr. This is the Nachtigall gallery in Dünkelberg quarry.

Das Besucherbergwerk des LWL Industriemuseums Zeche Nachtigall zeigt den mühseligen Bergbau vor der Industrialisierung. Hart und gefährlich war die Arbeit unter Tage immer.

Nachtigall, the mine for visitors to the LWL Industriemuseum, shows how arduous mining was in pre-industrialisation days. Working down the mine was always hard and dangerous.

den mit dem Versprechen, dass kein Bergmann entlassen werden sollte.

Der Bergbau ist inzwischen Geschichte, die Schächte und Strecken werden abgerüstet und verfüllt, damit es nicht zu Absackungen kommt. Als schwierigste Aufgabe für die Zeit danach gilt der Umgang mit dem aufsteigenden Grubenwasser, das bis in alle Ewigkeit abgepumpt werden muss. Schon früh entwickelte sich das Ruhrgebiet zu einem Schmelztiegel der Nationen.

Ein Blick zurück: Bereits im 19. Jahrhundert wurden Facharbeiter aus England angeworben. Dort war die industrielle Revolution weiter fortgeschritten als auf dem Kontinent. Nun wurde ihre Expertise für die stetig wachsende Zahl von Eisenhütten und Zechen an der Ruhr benötigt. Von Anfang des 20. Jahrhunderts an suchten Hunderttausende aus dem Osten Deutschlands und aus Polen Brot und Arbeit an der Ruhr, in 1960er-Jahren wurden Arbeitskräfte in Italien, der Türkei, Griechenland und Spanien angeworben. Die meisten von ihnen blieben. Die Integrationsleistung des Ruhrgebiets wird oft unterschätzt.

Zurück zur Kohle, die während der Karbonzeit vor 400 bis 300 Millionen Jahren entstand. Damals wurden die endlosen Wälder und Moore immer wieder überflutet und von Sedimenten bedeckt. Durch den enormen Druck, der von den ständig wachsenden Erdschichten ausging, entstanden bis zu einer Tiefe von 3000 Metern kohleführende Schichten, die sogenannten Flöze.

The Ruhr region developed at an early stage into a melting pot of nationalities. Back in the nineteenth century skilled men were recruited in Britain, where the industrial revolution was more advanced than on the Continent. Their know-how was required for the growing number of ironworks and coalmines in the Ruhr. From the beginning of the twentieth century hundreds of thousands of people from eastern Germany and Poland sought work and a living in the Ruhr. In the 1960s they were joined by workers recruited in Italy, Turkey, Greece and Spain. Most chose to stay. The level of integration achieved in the Ruhr is often underestimated.

Back to coal, which took shape in the Carboniferous period between 400 and 300 million years ago. In those days the never-ending forests and moorland were regularly flooded and covered in sediment. Enormous pressure from constantly rising layers of soil led to the creation of seams of coal at depths of up to 3,000 metres. The value of this treasure trove was discovered in the Middle Ages. From the sixteenth century onward vertical shafts were sunk to access the coal. Tunnelling for coal by digging horizontal galleries began in the seventeenth and eighteenth centuries.

The situation changed abruptly when in 1801 the first steam engine was taken into service in the Ruhr. The new technology opened up undreamt-of possibilities. Mines became bigger and

Welcher Schatz sich im Erdreich befand, wurde schon im Mittelalter entdeckt. Vom 16. Jahrhundert an grub man senkrechte Schächte, um an die Kohle zu kommen. Der Stollenbergbau mit seinen waagerechten Seitenwegen begann im 17./18. Jahrhundert.

Schlagartig veränderte sich die Situation, als 1801 die erste Dampfmaschine des Ruhrgebiets in Betrieb genommen wurde. Die neue Technik eröffnete ungeahnte Möglichkeiten: Die Zechen wurden größer, die Schächte immer tiefer, weil man nun das Grubenwasser besser abpumpen und die harte Mergelschicht über der Kohle durchbohren konnte.

Unterdessen gewann auch die Eisenindustrie an Bedeutung. Am 18. Oktober 1758 ging die vom Münsteraner Domherrn Franz Ferdinand von der Wenige gegründete St. Antony-Hütte in Betrieb und begründete damit den Ruf Oberhausens als „Wiege der Ruhrindustrie". Wenig später machte im benachbarten Sterkrade ein Konkurrenzunternehmen auf, das sich „Gute Hoffnung" nannte. Beide schlossen sich später zusammen. Aus der Fusion ging schließlich der Montankonzern Gutehoffnungshütte (GHH) hervor, der später in den MAN-Konzern integriert wurde.

Die wirkliche industrielle Revolution begann jedoch erst Mitte des 19. Jahrhunderts, als die ersten Eisenbahnen im Ruhrgebiet fuhren. Nun konnten Kohle und Erz in großem Stil herangeschafft und die Produkte aus Eisen und Stahl abtransportiert werden.

shafts ever deeper because that made mine water easier to pump out and the hard layer of marl over the coal easier to penetrate.

Meanwhile, the iron industry gained in importance. On 18 October 1758 the St. Antony-Hütte ironworks, founded by the Canon of Münster, Franz Ferdinand von der Wenige, went into operation, laying the groundwork for Oberhausen's reputation as the "cradle of industry" in the Ruhr. Shortly thereafter a competing enterprise calling itself Gute Hoffnung, or Good Hope, was founded in neighbouring Sterkrade. They later merged and the merger led to the creation of the coal and steel industry group Gutehoffnungshütte (GHH), subsequently part of the MAN Group.

But the real industrial revolution did not begin until the mid-nineteenth century when the first railways reached the Ruhr. Coal and iron ore could now be brought in on a large scale and iron and steel products could be despatched to customers. Entrepreneurs like Franz Haniel, Alfred Krupp, Matthias Stinnes and later August Thyssen wrote economic history.

The new ironworks required enormous quantities of coal that were supplied by the constantly growing number of mines. More and more people arrived because there was work for everyone. Urban population numbers exploded. The days of coal in the Ruhr are over but medical technology, engineering and plant

Landmarke am Baldeneysee in Essen ist der Förderturm der Zeche Carl Funke (oben). Das Jugendstilportal der Maschinenhalle der Zeche Zollern in Dortmund könnte man eher in Paris vermuten.

The winding tower of the Carl Funke mine (above) is a landmark near the Baldeneysee in Essen. The Zollern mine machine hall's art nouveau portal in Dortmund (below) might well be in Paris.

Der Peter-Behrens-Bau (oben) des LVR-Industriemuseums in Oberhausen wurde nach dem Pionier des modernen Industriedesigns benannt. Unten die idyllische Gartenstadtsiedlung Margarethenhöhe in Essen.

The LVR Industriemuseum's Peter-Behrens-Bau (above) in Oberhausen was named after the pioneer of modern industrial design. Margarethenhöhe (below) is an idyllic garden city in Essen.

Industrieästhetik pur: Das Fördergerüst der Zeche Zollverein in Essen, der Doppelbock, symbolisiert den Wandel des 1986 stillgelegten Bergwerks zum weltberühmten Industriedenkmal. 2001 wurde es Weltkulturerbe. Das Ruhrmuseum, die alten Hallen und Aggregate locken jährlich Millionen Besucher an.

Industrial aesthetics pure: the winding tower of the Zollverein mine in Essen, the Doppelbock or double rack, symbolises the change that the mine, closed in 1986, underwent to become a world-famous industrial monument, listed in 2001 as a world heritage site. The Ruhrmuseum and the old halls and machines attract millions of visitors per year.

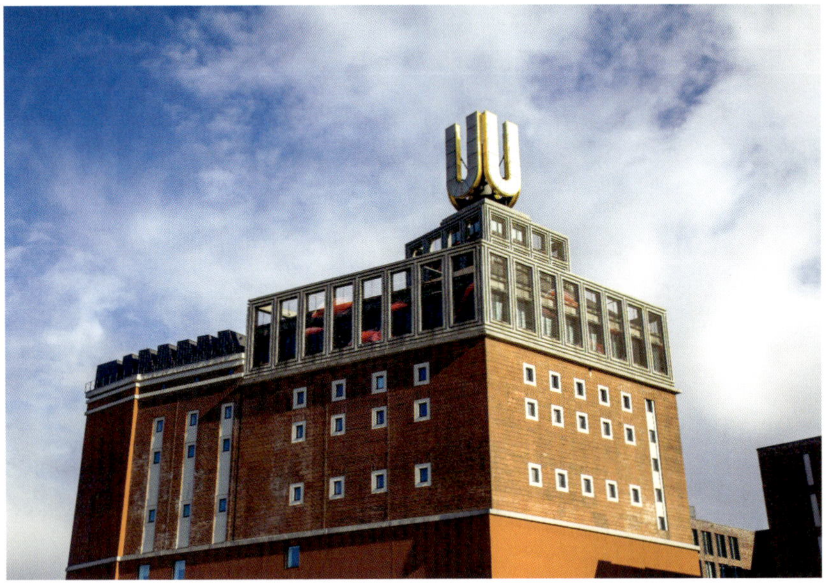

Das Aalto-Musiktheater (oben) in Essen gilt als schönster deutscher Theaterbau nach 1945. Wahrzeichen Dortmunds ist das goldene U auf dem Dach des ehemaligen Gär- und Lagerhochhauses der Union-Brauerei, heute ein einzigartiges Zentrum für Kunst.

The Aalto-Musiktheater in Essen (above) is reputed to be the finest new theatre built in Germany since 1945. Dortmund's landmark is the golden U on the roof of the Union Brewery's former high-rise fermentation and storage building, now a unique art centre.

Die Villa Hügel (oben), Stammhaus der Krupp-Dynastie, zeigt die Macht und Pracht der Ruhrbarone. Das Museum Folkwang, gestaltet von David Chipperfield, ist eines der bedeutendsten Kunstmuseen Europas. Beide Sehenswürdigkeiten sind in Essen beheimatet.

The Villa Hügel (above), home and headquarters of the Krupp dynasty, exemplifies the power and glory of the Ruhr "barons". The Folkwang Museum, designed by David Chipperfield, is one of Europe's foremost art museums. Both are in Essen.

Unternehmer wie Franz Haniel, Alfred Krupp, Matthias Stinnes und später August Thyssen schrieben Wirtschaftsgeschichte.
Die neuen Eisenhütten benötigten Unmengen von Kohle, die von der stetig wachsenden Zahl der Zechen gefördert wurde. Immer mehr Menschen kamen, weil hier Arbeit für alle war. Die Einwohnerzahlen der Städte explodierten.Das Zeitalter der Kohle im Ruhrgebiet ist vorbei, dafür gewinnen Medizintechnik, Maschinen- und Anlagenbau an Bedeutung. Energiewirtschaft und Chemie prosperieren. Im Umfeld der dichten, vornehmlich praxisorientierten Hochschullandschaft entstanden viele Start-up-Unternehmen. Weil sich hier zahlreiche Autobahnen, Schienenwege und Wasserstraßen kreuzen, wurde das Ruhrgebiet zu einem der wichtigsten Logistikstandorte Europas.
Es gibt viele Wege, diese Region zu erforschen, ihren Atem zu spüren. Eine sichere Bank sind dabei die Ankerpunkte der Route der Industriekultur wie die Zeche Zollverein und die Villa Hügel in Essen, der Gasometer in Oberhausen oder das „Dortmunder U“, das für das denkmalgeschützte Gär- und Lagerhochhaus der Union-Brauerei in Dortmund steht.
Als Geheimtipp gilt immer noch die Fahrt mit der „Kulturlinie“ 107, eigentlich eine ganz normale Straßenbahn. Was sie so besonders macht, sind die kulturellen Sehenswürdigkeiten, die an ihrer Wegstrecke liegen. Vom Gelsenkirchener Musiktheater im Revier, einem der bedeutendsten Theaterbauten der Nach-

construction are gaining in importance. Energy and chemicals are thriving. Many start-ups are being founded in the environs of a dense and mainly practice-oriented university landscape. And the Ruhr with its criss-crossing autobahns, rail routes and waterways has become one of the most important logistics regions in Europe. There are many ways in which to research the region and feel what makes it tick. A safe bet is anchor points on the Route of Industrial Culture like the Zollverein mine and the Villa Hügel in Essen, the Gasometer in Oberhausen or the “Dortmund U,” the listed fermenting room and storehouse of the Union brewery in Dortmund.
Taking the “Kulturlinie” 107, basically an ordinary tram, is still considered to be an insider’s tip. What makes it so special is the cultural sights that line its route. From Gelsenkirchen’s Musiktheater im Revier, one of the most important theatres built since World War II, it runs to Bredeney in the south of Essen, traversing the industrial landscape of the Zollverein world heritage site and passing Essen Cathedral, founded in 845 AD, in the city centre. The Folkwang Museum and the Aalto Opera House, both of international standing, are worth leaving the tram to visit, as is the magnificent Villa Hügel, which embodies more than any other building the erstwhile glamour of the “Ruhr barons”. Built for Alfred Krupp from 1870 to 1873, it was here that the leaders of the Krupp dynasty ran their business until the end of World War II.

Die letzte Zeche: Politik, Wirtschaft und Gewerkschaft hatten sich schon früh auf das Auslaufen des Bergbaus im Jahr 2018 geeinigt. Doch als am 21. Dezember auf Prosper Haniel in Bottrop die letzte Schicht zu Ende ging, flossen die Tränen. In den Jahrzehnten zuvor waren alle anderen deutschen Bergwerke stillgelegt worden. Das angestrahlte Fördergerüst erinnert an die großen Zeiten, unter Tage wird zurückgebaut.

The last working mine it was. Politicians, businessmen and the trade unions had long agreed that coal mining in the Ruhr was to end in 2018, yet on 21 December when the last shift ended at the Prosper Haniel mine in Bottrop tears were shed. All the other German coalmines ceased operation over previous decades. The illuminated winding tower recalls the mine's glory days; down below the workings are being decommissioned.

kriegszeit, fährt sie bis Bredeney im Essener Süden. Es geht durch die Industrielandschaft des Welterbes Zeche Zollverein, später vorbei am 845 gegründeten Essener Dom in der Innenstadt. Folkwang Museum und Aalto-Oper, beide von internationalem Rang, lohnen ebenso den Ausstieg wie die prachtvolle Villa Hügel, die wie kein anderes Bauwerk den einstigen Glanz der Ruhrbarone verkörpert. Von Alfred Krupp zwischen 1870 bis 1873 erbaut, führten die Spitzen der Krupp-Dynastie bis zum Ende des Zweiten Weltkriegs von hier aus ihre Geschäfte.

Was Wirtschaftskraft und auch das kulturelle Leben angeht, kann das Ruhrgebiet mit den großen Industrieregionen Europas mithalten – nur ist das vielen Bewohnern gar nicht bewusst. Ein schlafender Riese. Stadtquartiere boomen, Ausgehviertel wie der Duisburger Innenhafen, die Rüttenscheider Straße in Essen, das Kreuzviertel in Dortmund oder das Bochumer Bermuda-Dreieck ziehen die Massen an. 23 Millionen Besucher pro Jahr zählt das Oberhausener CentrO. Das Welterbe Zollverein ist mit dem Ruhr Museum ein „Gedächtnis des Ruhrgebiets“, vibrierendes Kreativ-Quartier und Wirtschafts- und Unternehmensstandort zugleich. Diese Mischung aus Industriekultur und Aufbruchstimmung macht das Ruhrgebiet so einmalig.

Where economic power and cultural life are concerned the Ruhr can hold its own with all of Europe's major industrial regions, but most local people are unaware of the fact. It is a sleeping giant. Urban areas are booming and downtown districts like Duisburg's Innenhafen, Rüttenscheider Strasse in Essen, Dortmund's Kreuzviertel or Bochum's Bermuda Triangle attract masses of people. Oberhausen's CentrO welcomes 23 million visitors a year. The Zollverein world heritage site and the Ruhr Museum are the "memory of the Ruhr," a vibrant creative area and a business and corporate district at the same time. This mixture of industrial culture and a sense of new beginnings makes the Ruhr so unique.

Zollverein (oben) in Essen galt wegen ihrer kubischen Formen und der Symmetrie als schönste Zeche der Welt. Das LVR-Industriemuseum in Oberhausen dokumentiert die Geschichte der Eisen- und Stahlindustrie an Rhein und Ruhr.

The Zollverein (above) in Essen with its cubic shapes and symmetry was considered to be the most attractive coalmine in the world. The LVR-Industriemuseum in Oberhausen documents the history of the iron and steel industry on the Rhine and in the Ruhr.

Das Essener Münster (oben) wurde im 13. Jahrhundert erbaut. Weltberühmt ist der Domschatz mit der Goldenen Madonna. Ins Oberhausener CentrO kommen jährlich 23 Millionen Besucher. Es ist Europas größtes Einkaufszentrum.

Essen Minster (above) was built in the 13th century. Its cathedral treasure, including the Golden Madonna, is world-famous. Twenty-three million people a year visit the CentrO in Oberhausen. It is the largest shopping centre in Europe.

Die Städte am Hellweg

Wer täglich die Autobahn 40 befährt, ärgert sich über den obligatorischen Stau und denkt kaum daran, dass er sich auf einer über 1000 Jahre alten Handelsstraße befindet: dem Hellweg. Vom heutigen Belgien aus führte er über die Niederlande, Deutschland und die baltischen Staaten bis nach Nowgorod in Russland. Jetzt erinnern nur noch die Namen traditioneller Kneipen an die mittelalterliche Route. „Hellweg-Stuben“ oder „Hellweg-Eck“ heißen sie. Und sie sterben aus. An vielen Stellen geht es entlang des Hellwegs aber sehr lebendig zu. Wie Perlen auf der Kette reihen sich die Städte Duisburg, Mülheim, Essen, Bochum und Dortmund aneinander. Die „40“, so heißt der alte Hellweg auf diesem Abschnitt, dient als Nabelschnur eines Großraums mit über fünf Millionen Bewohnern.

Seit den 1970er-Jahren ist eine dichte Hochschullandschaft entstanden. Über 300 000 junge Menschen studieren hier. Viele von ihnen kommen aus dem Ausland. So sind allein an der Universität Duisburg-Essen über 2000 chinesische Studierende eingeschrieben. An der Ruhr Universität Bochum sind es sogar 4500, die keinen deutschen Pass haben. Mit den Fächern Design, Fotografie, Musik und Tanz brilliert die Folkwang Universität der Künste in Essen weltweit. Ein bedeutender Standortfaktor sind auch die riesigen Einkaufszentren. Mit 23 Millionen Besuchern im Jahr gilt das CentrO Oberhausen als größte Mall in Europa.

Cities on the Hellweg

People driving along the A40 autobahn on a daily basis and annoyed by the inevitable traffic jams will pay little heed to the fact they are on a long-distance trade route that has existed for more than 1,000 years. It is the Hellweg, which led from present-day Belgium via the Netherlands, Germany and the Baltic states to Novgorod in Russia. Now, the only reminders of the mediaeval route are the names of traditional pubs such as Hellweg-Stuben or Hellweg-Eck. Though even these are dying out, many places along the Hellweg are still full of life. The cities of Duisburg, Mülheim, Essen, Bochum and Dortmund are strung out along it like pearls. This section of the old Hellweg, commonly referred to as the “40,” serves as the umbilical cord for a metropolitan area with more than five million inhabitants.

Since the 1970s, a high-density academic landscape has evolved. More than 300,000 young people study here, including many from other countries. More than 2,000 Chinese students are enrolled at the University of Duisburg-Essen alone, while the Ruhr-University Bochum has no fewer than 4,500 international students. With its Design, Photography, Music and Dance faculties, the Folkwang University of the Arts in Essen has a worldwide reputation. Another important location factor is the gigantic shopping malls. CentrO Oberhausen, which attracts 23 million visitors a year, is considered to be Europe’s largest mall. And the emotionally charged soccer Derbys between Bundesliga rivals

Kontrastprogramm: Die stylische neue Bibliothek der Folkwang Universität der Künste in Essen hebt sich bewusst gegen die altehrwürdigen Gebäude der Uni im Stadtteil Werden ab, der direkt an der Ruhr liegt.

There is a striking intentional contrast between the stylish new library of Essen's Folkwang University of the Arts and the fine old university buildings in the city's Werden district on the Ruhr.

Die Ruhr-Universität Bochum (oben) war nur der Anfang. Nach ihrer Gründung 1962 entstand im Ruhrgebiet eine dichte Hochschullandschaft. Das SANAA-Gebäude auf Zollverein gilt als Ikone des reduzierten Baustils.

The Ruhr University of Bochum (above), founded in 1962, ushered in what went on to be a dense university landscape in the Ruhr. The SANAA building on the Zollverein site is an icon of a reduced architectural style.

Der Duisburger Innenhafen war einst der Brotkorb des Reviers. Hier wurde das Getreide gemahlen und verladen. Heute residieren in den alten Speichern Kreative, Firmen, Restaurants und das Museum Küppersmühle (Bild). Den Masterplan dafür entwarf Sir Norman Foster.

Duisburg's inland port was once the breadbasket of the Ruhr where grain was milled and shipped. Today the old warehouses house creatives, companies, restaurants and the Museum Küppersmühle (photo), for which Sir Norman Foster drew up the master plan.

Auf der Nordseite des Innenhafens (oben) entstanden neben der Marina für über 120 Boote zahlreiche, zum Teil futuristische Bürogebäude. Besonders bekannt sind die „Five Boats“, designed von Sir Nicholas Grimshaw.

On the north side of the Innenhafen (above) are a marina for over 120 boats and many office buildings, some of them futuristic. The Five Boats, designed by Sir Nicholas Grimshaw, are especially well known.

Emotional aufgeladen sind die Fußball-Derbys zwischen den Bundesliga-Rivalen Schalke 04 und Borussia Dortmund. Sie stehen den Klassikern wie FC Liverpool versus FC Everton oder Real Madrid versus Atletico Madrid in nichts nach.

Außerhalb des Ruhrgebiets glauben immer noch viele, dass es hier Kohlestücke regnet. Dabei gab es schon nach der Jahrtausendwende wenige Zechen. Stahl wird nur noch in Duisburg erzeugt, das zugleich Europas größter Binnenhafen ist. Von hier aus fahren Frachtschiffe nach England, Skandinavien und sogar Russland. Meistens haben sie Container geladen. Auf dem alten Krupp-Gelände am Rhein endet ein Abzweig der berühmten Seidenstraße. Mehrmals pro Woche kommt hier ein langer Güterzug an, der zwölf Tage zuvor im chinesischen Chongqing gestartet war. Der Seeweg dauert dagegen 40 Tage. Auch dies ein Steinchen im Mosaik des Strukturwandels, der sich seit den 1970er-Jahren hier vollzieht. Abschied von Kohle und Stahl, dafür Schwerpunkte in Wissenschaft, Logistik, Medizintechnik, Maschinenbau, Chemie und - man glaubt es kaum – im Tourismus.

Aus den stillgelegten Zechen und Stahlwerken sind etliche Kathedralen der Industriekultur geworden, die über acht Millionen Besucher pro Jahr anlocken. Nirgend woanders auf der Welt lässt sich so anschaulich erleben, wie die Montanindustrie über mehr als ein Jahrhundert Land und Leute geprägt hat.

Das Ruhrgebiet und speziell die Hellweg-Zone war schon immer

Schalke 04 and Borussia Dortmund are on a par with classics such as Liverpool versus Everton or Real versus Atletico Madrid. Many people outside the Ruhr region still believe that it rains coal here. Yet most mines had closed down by the turn of the millennium. Steel is produced only in Duisburg, which is Europe's biggest inland port. From here, freighters, usually laden with containers, sail to Britain, Scandinavia and even Russia. One branch of the famous Silk Road ends on the old Krupp premises by the Rhine. Several times a week, a long freight train arrives there after a twelve-day journey from Chongqing in China – another small piece in the mosaic of structural change that has been under way here since the 1970s. It has involved bidding farewell to coal and steel and focusing instead on science, logistics, medical engineering, mechanical engineering, chemistry and – maybe hard to believe – on tourism.

Some decommissioned coalmines and steelworks have been transformed into cathedrals of industrial culture that attract millions of visitors a year. Nowhere else in the world can one experience so vividly how the coal and steel industry shaped country and people for more than a century.

The Ruhr region and the Hellweg zone in particular have always been a melting pot of people of different origins who came here to seek a living. Take for example Duisburg at its western entrance, where the Flemish scholar Gerardus Mercator suc-

Atemberaubend ist dieser Blick auf das gewaltige Industriepanorama von thyssenkrupp Steel im Duisburger Norden. Auf einer Fläche, fast fünfmal so groß wie Monaco, liegen die mächtigen Hochöfen in Hamborn, das Stahlwerk Bruckhausen und die riesige Kokerei Schwelgern eng zusammen und bilden einen der größten Stahlstandorte Europas.

This view of the enormous industrial panorama of thyssenkrupp Steel in the north of Duisburg is breathtaking. In an area nearly five times the size of Monaco the massive blast furnaces in Hamborn, the Bruckhausen steelworks and the huge Schwelgern coking plant nestle close together, making up one of the largest steel sites in Europe.

ein Schmelztiegel von Menschen unterschiedlicher Herkunft, die hier Brot und Arbeit suchten. Zum Beispiel in Duisburg, dem westlichen Eingangstor: Hier gelang dem flandrischen Gelehrten Gerhard Mercator die Übertragung der Kugelform der Erde auf eine zweidimensionale Karte: die Mercator-Projektion. Im Innenhafen wiederum wurde bis in die 1930er-Jahre das Getreide für das Ruhrgebiet gemahlen und verladen. Nach Plänen des britischen Architekten Sir Norman Foster entstand ein schickes Hafenviertel mit alten Speichern, in denen sich junge Firmen ansiedelten, auf der einen und mit futuristischen Bürogebäuden auf der anderen Seite. Eine Marina, Restaurants und Museen, darunter das von den Schweizer Architekten Herzog & de Meuron gestaltete Museum Küppersmühle, machten den Innenhafen zum attraktiven Ziel.

Wenige Kilometer entfernt verbinden sich im Landschaftspark Duisburg-Nord Natur und Technik mit den Relikten eines alten Hüttenwerks, das abends durch die Lichtinstallation des Briten Jonathan Park in eine surreale Atmosphäre getaucht wird. Park illuminierte auch schon die Bühnenshows von Pink Floyd.

Mülheim an der Ruhr, mit 170 000 Einwohnern die kleinste Stadt der Hellweg-Fünferkette, punktet dagegen mit dem idyllischen Ruhrtal und seiner „Weißen Flotte". Schwerindustrie gibt es lange nicht mehr. Vielmehr war Mülheim immer eine Stadt der Kaufleute, in der die Handelskonzerne Metro und Stinnes ge-

ceeded in transferring the Earth's spherical shape to a two-dimensional map, the Mercator projection. In the city's inland port, grain for the Ruhr region was ground and loaded until the 1930s. The British architect Norman Foster, now Sir Foster, designed an elegant port quarter with old warehouses occupied by young companies on one side and futuristic office buildings on the other. A marina, restaurants and museums, including the Museum Küppersmühle designed by Swiss architects Herzog & de Meuron, made the inland port an attractive destination.

A few kilometres away in the Duisburg-Nord landscape park, nature and technology merge with the remains of an old smelting works. In the evenings, a light installation by British artist Jonathan Park immerses the complex in a surreal atmosphere. Park created the lighting for Pink Floyd stage shows.

Mülheim on the Ruhr has 170,000 inhabitants. The smallest of the five Hellweg cities, its plus points include the idyllic Ruhr Valley and its "White Fleet" of pleasure boats. It has long since ceased to have any heavy industry. In fact, Mülheim was always a city of business people. The Metro and Stinnes trading groups were both founded here. People are also proud of Broich Castle, which dates back to the Carolingian period and is regarded as one of the most significant mediaeval defensive buildings.

The capital of tourism on the Hellweg and of the Ruhr district is Essen. Its Zollverein Coalmine Industrial Complex alone attracts

Das Aquarius Wassermuseum im alten Wasserturm eines früheren Stahlwerks in Mülheim ist den Besuch wert. Von der Gewinnung bis zum Dreh am Wasserhahn wird an 30 Medienstationen das Thema Trinkwasser dargestellt.

The Aquarius Wassermuseum in the old water tower of a former steelworks in Mülheim is worth a visit. Thirty media points deal with the subject of drinking water from catchment to turning on the tap in your kitchen.

Zu den Highlights jeder Reise ins Ruhrgebiet gehört der Besuch im Landschaftspark Nord in Duisburg, einem früheren Thyssen-Stahlwerk. Durch die faszinierende Lichtinstallation Jonathan Parks, der schon die Bühnenshows von Pink Floyd illuminierte, erhalten die alten Aggregate, Hallen und Türme ihren besonderen Reiz. Industriekultur und die zurückkehrende Natur ziehen Jahr für Jahr Millionen Besucher an. Aber auch Regisseure und Eventmanager haben die einmalige Kulisse für sich entdeckt.

A highlight of any visit to the Ruhr is the Landschaftspark Nord in Duisburg, a former Thyssen steelworks. The fascinating light installation by Jonathan Park, who illuminated Pink Floyd's stage shows, gives the old machines, halls and towers a special charm. The industrial culture and the return of nature attract millions of visitors every year. Stage directors and event managers have also discovered this unique backdrop.

Tiger & Turtle – Magic Mountain heißt die begehbare Großskulptur auf dem Gelände einer früheren Zinkhütte im Duisburger Süden. Von einem aus Abbruch- und Erdmaterial geformten Hügel aus erhebt sich das 20 Meter hohe und 220 Meter lange Kunstwerk. Eine starke Landmarke bei Tag und bei Nacht. Von oben hat man einen überwältigenden Blick auf das westliche Ruhrgebiet und die nahe Industriekulisse der Hüttenwerke Krupp Mannesmann.

Tiger & Turtle – This large walk-around sculpture on the site of a former zinc foundry in south Duisburg is known as the Magic Mountain. Twenty metres tall and 220 metres long, it rises from an artificial hill made of slag and soil and is a powerful landmark by day and by night. From on top you have an overwhelming view of the western Ruhr region and the nearby industrial backdrop of the Krupp Mannesmann smelting works.

Ruhr-Schönheiten: Der malerische Verlauf der Ruhr bei Bochum-Stiepel (oben) gehört ebenso zum oft vergessenen Bild des Ruhrgebiets wie der idyllische Essener Stadtteil Kettwig mit seiner alten Ruhrbrücke.

Beauties of the Ruhr: The picturesque course of the Ruhr near Bochum-Stiepel (above) is as much a part of the Ruhr's often forgotten past as the idyllic Essen district of Kettwig with its old bridge over the Ruhr.

Der Baldeneysee (oben) im Essener Süden ist der größte der sechs Ruhr-Stauseen und ein beliebtes Ausflugsziel. Das gilt auch für die Ruhrpromenade in Kettwig. Ganz in der Nähe liegt die romantische Altstadt.

The Baldeneysee (above) in south Essen is the largest of six Ruhr reservoirs and a popular excursion destination. The Ruhrpromenade near Kettwig's romantic Altstadt, is another.

gründet wurden. Stolz ist man auf Schloss Broich, das aus der Karolingerzeit stammt und als einer der bedeutendsten mittelalterlichen Wehrbauten gilt.

Tourismus-Hauptstadt am Hellweg und des Ruhrgebiets ist Essen. Über 1,5 Millionen Besucher kommen pro Jahr allein zur Zeche Zollverein. In der riesigen, ehemaligen Kohlenwäsche präsentiert das Ruhr Museum auf drei Ebenen Natur und Geschichte des Reviers. Hinauf führt die mit 58 Metern größte freistehende Rolltreppe Deutschlands. Sie ist orangerot wie flüssiges Eisen und glühender Koks. In vielen Bereichen auf Zollverein, wo bis 1986 Kohle gefördert und bis 1993 Koks erzeugt wurde, haben sich international bekannte Institutionen angesiedelt. Zum Beispiel im alten Kesselhaus, wo mit dem Red Dot Design Museum die weltgrößte Ausstellung zeitgenössischen Designs residiert.

In der ehemaligen Waschkaue ist mit PACT Zollverein eine Kathedrale des Tanzes entstanden. Aber auch die Wirtschaft boomt.

53 Unternehmen haben sich hier angesiedelt, Tendenz steigend. Kreative, Unternehmensberater, Künstler, Gastronomen. Im Fachbereich Design der Folkwang Uni sind 500 Studierende eingeschrieben. Hier ist viel mehr zu erleben als Industriekultur in allerfeinster Form. Hier vollzieht sich der Wandel in Reinkultur.

Essen hat aber noch viel mehr zu bieten: Das Museum Folkwang

more than 1.5 million visitors a year. The Ruhr Museum on three floors of the gigantic former coal-washing plant focuses on the nature and history of the coal-mining district. The 58-metre escalator that takes visitors up to it is Germany's longest freestanding escalator. Its orange colour is reminiscent of liquid iron and glowing coke. Many parts of the Zollverein site, where coal was mined until 1986 and coke produced until 1993, are now home to internationally recognised institutions. The former boiler house, for example, now houses the Red Dot Design Museum, with the world's largest contemporary design exhibition. In the former pithead baths a cathedral of dance has emerged in the shape of PACT Zollverein.

But business, too, is booming. Fifty-three companies have located here and their number is set to increase. They include creative enterprises, management consultants, artists, restaurateurs and caterers. The Folkwang University's Design department has 500 students enrolled. There is more to experience here than top-rate industrial culture. Here, change pure is under way.

Essen, however, has much more besides. The Folkwang Museum with its new building designed by David Chipperfield is regarded as one of Europe's leading art museums. Also highly rated is the Aalto Musical Theatre, a masterpiece by the great Finnish architect Alvar Aalto. The Cathedral Treasury, the Old

WÄSCHE]

Symbol für das alte und neue Ruhrgebiet ist das Welterbe Zeche und Kokerei Zollverein im Essener Norden. Bis zur Stilllegung 1986 wurden hier täglich 12 000 Tonnen Kohle gefördert. Es war das modernste und wegen der reduzierten Formsprache architektonisch interessanteste Bergwerk in Europa. Heute ist Zollverein, ein lebendiger Standort, an dem Industriekultur, Kreative, Verwaltungen und die Design-Abteilung der Folkwang Hochschule der Künste aufeinandertreffen.

A symbol of the Ruhr old and new is the Zollverein world heritage site, a former coalmine and coking plant in north Essen. Until its closure in 1986 it produced 12,000 tonnes of coal a day. It was the most modern and architecturally interesting mine in Europe with its reduced formal language. The Zollverein today is a vibrant site where industrial culture, creative people, administrations and the Design Department of the Folkwang University of the Arts meet.

Fantastischer Blick auf die Kokerei Zollverein, die zum Welterbe gehört und 1993 stillgelegt wurde. Begehrt ist die Fahrt auf dem Sonnenrad, die durch die ehemals 1000 Grad heißen Öfen in der Kokerei bis in luftige Höhen führt. Im Winter wird die Wasserfläche vor der grandiosen Kulisse der Koksöfen zu einer 150 Meter langen illuminierten Eisbahn.

A fantastic view of the Zollverein coking plant, closed in 1993 and part of the world heritage site. A popular ride on the Sunwheel takes visitors round what once were coke furnaces with temperatures of 1,000°C and up into lofty heights. In winter the water in front of the grandiose backdrop of the coking furnaces is transformed into an illuminated ice rink 150 metres long.

mit seinem von David Chipperfield gestalteten Neubau gilt als eines der bedeutenden Kunstmuseen Europas. Hohen Rang hat auch das Aalto-Musiktheater, ein Meisterwerk des großen finnischen Architekten Alvar Aalto. Domschatz, Alte Synagoge oder das Szeneviertel Rüttenscheider Straße gehören zu jedem Tourismuspaket, das für Essen geschnürt wird.
Zwar kann auch Bochum auf eine lange Montan-Historie zurückblicken. Doch viel früher als anderswo rückten Kohle und Stahl in den Hintergrund. Die Ruhr Universität mit heute 44.000 Studierenden war der erste Baustein zur dichten Hochschullandschaft des Ruhrgebiets. Mit ihr kamen studentisches Flair und Urbanität in die Stadt. Besonders spürbar ist dies im so genannten Bermuda-Dreieck, dem angesagten Ausgehquartier in Bahnhofsnähe. Auf knapp zwei Quadratkilometern laden 60 Kneipen und Restaurants zum Besuch ein. Vier Millionen Gäste sind es pro Jahr. Theaterfreunde kommen im Bochumer Schauspielhaus auf ihre Kosten – eine der renommiertesten Bühnen Deutschlands, an der schon Regie-Giganten wie Claus Peymann oder Peter Zadek wirkten. Einzigartig in der Welt ist das Deutsche Bergbau Museum, das alles über die Gewinnung von Bodenschätzen bis zum heutigen Tag präsentiert. Ein „must do". Gleiches gilt für das Eisenbahnmuseum mit mehr als 120 historischen Eisenbahnfahrzeugen, darunter viele Dampfloks. Auch ein Salonwagen aus dem berühmten „Orient-Express" ist dabei.

Synagogue and the trendy Rüttenscheider Strasse area are also elements of every package assembled for tourists to Essen.
True, Bochum can also look back on a long history of coal and steel. But here industry took a back seat much earlier than elsewhere. The Ruhr University, which now has 44,000 students, was the first building block in the Ruhr region's high-density university landscape. It brought the atmosphere of student life and urbanity to the city. This is especially noticeable in the so-called Bermuda Triangle, a popular night-life quarter close to the station, where 60 pubs and restaurants vie for custom in an area of just under two square kilometres. It attracts four million visitors a year. Theatre fans are catered for at the Bochum Schauspielhaus, one of Germany's most prestigious theatres, where outstanding directors like Claus Peymann and Peter Zadek have worked. The German Mining Museum, which focuses on all aspects of the extraction of mineral resources up to the present day, is one of a kind in the world and definitely a "must". The same goes for the Railway Museum, which has more than 120 historic items of rolling stock, including many steam engines. It even boasts a Pullman car from the famous Orient Express.
Bochum's economy is on an upward trend. The city is succeeding through cutting-edge technology in mechanical engineering, cyber security and the medical sector.
Until the 1960s a triad of coal, steel and beer predominated in

Das Deutsche Bergbau-Museum (DBM) in Bochum ist das größte seiner Art und bietet einen einzigartigen Überblick über die Gewinnung von Bodenschätzen. Im Anschauungsbergwerk in 17 bis 22 Metern Tiefe erfährt der Besucher hautnah, wie hart die Arbeit damals war.

The Deutsche Bergbau-Museum (DBM) in Bochum is the largest of its kind, providing a unique overview of mining and natural resources. Down the underground mining experience at a depth of 17 to 22 metres visitors can see in close-up just how hard the miner's work was.

Die Waschkaue der Zeche Zollern in Dortmund. Jeder Kumpel hatte einen Haken, mit dem er seine Arbeitskleidung unter die Decke ziehen konnte. Nach dem Duschen ging es in den weißen Bereich, wo die Straßenkleidung hing.

These are the pithead baths of the Zollern mine in Dortmund. Each miner had a hook on which to hang his working clothes and pull them up to the ceiling. After taking a shower, miners went to the white areas where their street clothing was suspended.

Wirtschaftlich geht es mit Bochum aufwärts. Heute besticht die Stadt durch Spitzentechnologie im Maschinenbau, in der Cybersicherheit und im Medizinbereich.

Bis in die 1960er-Jahre herrschte in der Westfalenmetropole Dortmund im Osten der Hellweg-Region der Dreiklang Kohle-Stahl-Bier. Doch dann verschwanden nach und nach die Zechen und Hüttenwerke. Von den 38 Brauereien im Stadtgebiet, die 1826 gezählt wurden, sind nur noch drei übrig.

Heute präsentiert sich Dortmund als lebendige Universitäts- und Dienstleistungsstadt mit hoher Lebensqualität. Als Wahrzeichen dient aber immer noch das vergoldete U auf dem ehemaligen Gär- und Lagerhochhaus der Union-Brauerei, in dem seit 2010 ein einzigartiges Zentrum für Kunst angesiedelt wurde, darunter das Museum Ostwall mit seiner Sammlung expressionistischer Kunst. Wer den alten Industrien nachspüren will, kann dies im LWL Industriemuseum Zeche Zollern mit seinen Backsteinfassaden und Zwiebeltürmchen tun. Und dann gibt es noch den Fußballverein Borussia Dortmund, der zu jedem Heimspiel 70 000 bis 80 000 Zuschauer anzieht. Ein Muss ist das Deutsche Fußballmuseum in Bahnhofsnähe, in dem 140 Jahre deutsche Fußballgeschichte dokumentiert wird. So eine Exkursion macht durstig. Im nahen Kreuzviertel mit seinen liebevoll sanierten Jugendstilhäusern, den vielen Kneipen und Cafés ist man danach bestens aufgehoben.

the Westphalian metropolis of Dortmund in the east of the Hellweg region. Then, one by one, the coalmines and smelting works disappeared. Now, of the 38 breweries in the urban area in 1826, only three remain.

Dortmund's present profile is that of a lively university and service sector city with a high quality of life. However, its emblem is still the gilt letter U atop the high-rise building that was formerly the Union Brewery's fermenting and storage facility. Since 2010 the building has housed a unique art centre, including the Museum Ostwall with its collection of Expressionist art. Anyone keen to trace the old industries can do so in the LWL Industrial Museum Zollern with its brick facades and onion-shaped towers. Then there is Borussia Dortmund football club, which attracts between 70,000 and 80,000 spectators to every home game. A visit to the German Football Museum near the railway station, which documents 140 years of German football history, is also a must. An excursion like that makes you thirsty. The nearby Kreuzviertel quarter with its lovingly restored Art Nouveau houses and plentiful pubs and cafés is the ideal follow-up.

Die Maschinenhalle der Zeche Zollern mit ihrem eindrucksvollen Jugendstilportal gilt als Ikone der Industriekultur und gehört zu den am meisten fotografierten Motiven des Ruhrgebiets. Als erste Zeche der Welt verfügte Zollern Anfang des 20. Jahrhunderts über Tage über einen voll elektrifizierten Maschinenpark. Wegen der prunkvollen Backsteinfassaden wird die Zeche gern „Schloss der Arbeit“ genannt.

The Zollern mine's machine hall with its majestic art nouveau portal is an icon of industrial culture and one of the most-photographed motifs in the Ruhr. At the beginning of the 20th century Zollern had a fully electrified machine park. With its magnificent redbrick façades the mine is often dubbed the Palace of Labour.

Entlang der Emscher

Es ist die Geschichte einer Erweckung, eines Gestaltwandels. Bei schönem Wetter tummeln sich am Phönixsee in Dortmund tausende Ausflügler. Genießen die Sonne, schlürfen in den zahlreichen Cafés ihren Espresso oder betreiben Wassersport. Hier wohnt man gern und teuer. Nur noch ein historischer Konverter erinnert an die industrielle Vergangenheit des Standorts. Früher stand hier ein Stahlwerk, dessen Fragmente nun auf dem Grund des künstlich angelegten Sees liegen.

Direkt am See plätschert die Emscher vorbei. Jahrzehntelang war sie in diesem Bereich unsichtbar, diente als unterirdischer Abwasserkanal. 2010 kam sie wieder an die Oberfläche und kann sich seither wie ein ganz normales Gewässer bewegen. Damit war der ökologische Umbau, der 1992 begonnen hatte, erstmals für alle sichtbar geworden, nämlich die Trennung von Fluss und Abwasser. Heute verschwindet das Abwasser in bis zu 40 Metern Tiefe im modernsten Kanalisationssystem der Welt, durchläuft mehrere Reinigungsstufen und ergießt sich 51 Kilometer weiter bei Dinslaken in den Rhein. Parallel dazu geschieht an der Oberfläche Erstaunliches. Der Fluss wird von seinem Betonbett befreit, an den renaturierten Uferflächen wachsen Bäume und Sträucher. Hier und da darf die Emscher sogar mäandern, die Wohnqualität in den angrenzenden Stadtteilen steigt. 2020 soll das Jahrhundertprojekt abgeschlossen sein und wird dann etwa 4,5 Milliarden Euro gekostet haben. Gut an-

Along the Emscher

This is the story of an awakening, a structural transformation. In fine weather, thousands of day-trippers throng the Phönixsee lake in Dortmund. They enjoy the sunshine, sip an espresso in one of the numerous cafés or engage in water sports. This is a popular and expensive place to live. Only a historic converter recalls the location's industrial past. It was once the site of a steelworks, fragments of which now lie on the bed of the artificial lake.

Directly by the lake, the river Emscher burbles along. For decades it was invisible in this area, serving as an underground sewer. In 2010 it returned to the surface and resumed flowing as a perfectly normal body of water. That was when ecological restructuring that began in 1992 – the separation of river and sewage – first became visible for all to see. Now, wastewater disappears to a depth of up to 40 metres in the world's most modern sewerage system. It passes through several stages of purification before disgorging into the Rhine 51 kilometres away near Dinslaken. The river is being liberated from its concrete bed, while trees and bushes grow on banks restored to their natural state. The Emscher is even allowed to meander here and there, and the quality of life in adjacent neighbourhoods is improving. This once-in-a-lifetime project is scheduled for completion in 2020, when it will have cost around 4.5 billion euros. This is money well invested given that until the mid-twentieth century

Einst lag hier ein altes Stahlwerk, heute lockt der künstlich angelegte Phönixsee in Dortmund-Hörde Wassersportler und Ausflügler an. Auch als Wohngebiet und Bürostandort ist das Gelände rund um die 1300 Meter lange und 300 Meter breite Wasserfläche schwer angesagt.

On the site of a former steelworks the Phönixsee, an artificial lake in Dortmund-Hörde, attracts water sports enthusiasts and daytrippers alike. 1,300 metres long and 300 metres wide, the lake and its surroundings are also popular as a residential and office district.

Die renaturierte Emscher fließt in Dortmund direkt am Phönixsee vorbei. Viele Jahre diente der Fluss als offener Abwasserkanal. Bis 2020 soll der Emscher-Umbau beendet sein.

In Dortmund the renaturalised Emscher flows right past the Phönixsee. For many years the river served as an open sewer. Conversion work is scheduled for completion by 2020.

Die Emscherquelle (oben) bei Holzwickede. 83 Kilometer weiter westlich fließt das lange als Kloake missbrauchte Gewässer bei Dinslaken in den Rhein. Unten die kanalisierte Emscher in der Nähe des Gelsenkirchener Nordsternparks.

The source of the Emscher (above) near Holzwickede: 83 kilometres to the west the river, long used as a sewer, flows into the Rhine near Dinslaken. Below, the Emscher is canalised near the Nordsternpark in Gelsenkirchen.

gelegtes Geld, denn die Emscher galt bis Mitte des 20. Jahrhunderts als schmutzigster Fluss Deutschlands, weil Städte und Schwerindustrie während der Industrialisierung und den Jahrzehnten danach ihre Abwässer eingeleitet hatten. Auch dies gehört zur Geschichte des Ruhrgebiets, das eigentlich „Emschergebiet" heißen müsste. Fast alle großen Zechen und Hüttenwerke lagen damals im Emschertal, denn die Ruhr als Industrie- und Transportader hatte längst ausgedient.

Früher galt die Emscher-Region als Hinterhof des Ruhrgebiets, heute ist vielerorts ein Vorgarten daraus geworden. Zum Beispiel in Oberhausen, wo der alte Gasspeicher eines Hüttenwerks, mit 117,5 Metern Höhe und einem Durchmesser von 67,6 Metern, zu einem der spektakulärsten Ausstellungsorte der Welt avancierte. Kunstwerke wie „The Wall" von Christo, bestehend aus 13.000 Ölfässern, oder Ausstellungen wie „Wunder der Natur" oder „Der Berg ruft", für die eine auf den Kopf gestellte Nachbildung des Matterhorns in den riesigen Raum installiert wurde, haben den Gasometer zur berühmtesten Tonne der Welt gemacht. Längst haben ihn die Oberhausener zum Wahrzeichen ihrer Stadt ernannt – und die Tourismusmanager zum Fixpunkt der europäischen Industriekultur.

Nur wenige hundert Meter entfernt hat die Burg Vondern ihren Platz inmitten von Zechen und Hütten behauptet, die es damals noch gab. Die im 13. Jahrhundert erstmals urkundlich erwähnte

the Emscher was seen as Germany's dirtiest river because cities and heavy industry had discharged their wastewater into it during industrialisation and the decades that followed. This, too, is part of the history of a Ruhr district that ought actually to be called the Emscher district. At that time, nearly all the big coalmines and smelting works were in the Emscher Valley, for the Ruhr had long since ceased to be an industrial and transport artery.

The Emscher region used to be seen as the Ruhr district's backyard. Now, in many places it is a front garden, for example in Oberhausen, where an old smelting works gasometer, 117.5 metres tall and 67.6 metres in diameter, has been transformed into one of the world's most spectacular exhibition spaces. Artworks such as Christo's "The Wall," consisting of 13,000 oil drums, or exhibitions such as "Wonders of Nature" or "The Mountain Calls," for which an upside-down reproduction of the Matterhorn was installed in the enormous space, have made the Gasometer the world's best-known container. Oberhauseners have long seen it as their city's hallmark – and tourism managers as a benchmark of European industrial culture. Just a few hundred metres away, Burg Vondern stood its ground amidst coalmines and smelters in the days when they still existed. The castle, the first recorded mention of which dates to the thirteenth century, is thought to be Germany's oldest Late Gothic secular building.

Ein imposanter Ausblick über das gesamte Ruhrgebiet bietet sich vom Dach des Gasometers in Oberhausen, der als einer der spektakulärsten Ausstellungsorte überhaupt gilt. Der alte Gasspeicher der Gute-Hoffnungs-Hütte ist mit 117,5 Metern Höhe und 67,6 Metern Durchmesser vermutlich die größte Tonne der Welt. In den1980er-Jahren wäre das Relikt der Industrieära beinahe abgerissen worden. Heute ist er das berühmteste Wahrzeichen der Stadt.

An impressive view of the entire Ruhr region from the roof of the Gasometer in Oberhausen, surely one of the most spectacular exhibition venues there can be. The old Gute-Hoffnungs-Hütte gasometer is 117.5 metres tall and 67.6 metres in diameter and maybe the largest in the world. In the 1980s this relic of the industrial era was nearly demolished. Today it is the city's most famous landmark.

Ausstellungen wie „Wunder der Natur“, wo der Planet Erde als Kugel mit 20 Metern Durchmesser im 100 Meter hohen Luftraum des Gasometers schwebt, lockten Millionen Besucher an. Hochauflösende Satelliten-Fotos, mit modernster Technik auf die Kugel projiziert, verdeutlichten dabei auf faszinierende Weise die Erscheinungen der Erdatmosphäre bei Tag und Nacht.

Exhibitions like “Wunder der Natur” in which planet Earth, a sphere 20 metres in diameter, is suspended from the gasometer ceiling 100 metres overhead, have attracted visitors by the million. High-resolution satellite photos projected onto the sphere by state-of-the-art technology, show in a fascinating way what the Earth’s atmosphere looks like by day and night.

„Totems“ heißt diese Installation des baskischen Künstlers Agustin Ibarrola auf der Halde Haniel, mit 185 Metern die höchste begehbare Halde des Ruhrgebiets. Zusammen mit dem nahen Gipfelkreuz und einem Amphitheater vereinigen sich die über 100 bunt bemalten Bahnschwellen des Kunstwerks zu einem surrealen, eindrucksvollen Bild. Der Aufstieg ist dem Kreuzweg nachempfunden. An 15 Stationen werden die Leiden Christi dargestellt, je mit einem Werkzeug aus dem Bergbau.

"Totems" is the title of this installation by the Basque artist Agustin Ibarrola on the 185-metre Haniel slag heap, the highest in the Ruhr that can be climbed on foot. Together with the nearby summit cross and an amphitheatre the artwork's 100-odd brightly painted railway sleepers merge into a surreal and impressive image. The climb is modelled on the stations of the Cross, with 15 stations depicting Christ's suffering, each with a mining tool.

Burg gilt als der älteste spätgotische Profanbau Deutschlands. Weiter östlich liegt Gelsenkirchen, einst wegen seiner vielen Zechen und Stahlwerke „Stadt der 1000 Feuer“ genannt. Sie alle sind erloschen, die Montanindustrie hat sich komplett zurückgezogen. Dafür zehrt die Stadt vom Bekanntheitsgrad ihres Fußballclubs Schalke 04, der von seinen Fans innig verehrt wird. Ihre Heimspiele tragen die Kicker in der Veltins-Arena aus – auf einem Rasen, der in einer riesigen Wanne ruht, die wie eine Schublade herausgezogen werden kann. Berühmt ist auch das 5000 Meter lange Rohrsystem. Was darin transportiert wird? Bier! Die ehemalige Bergbaustadt auf einen Traditionsclub zu reduzieren, wäre falsch. Es gibt viel Industriekultur zu sehen, zum Beispiel die „Himmelstreppe“ auf der Halde Rheinelbe, die anmutet wie ein Azteken-Bauwerk. Das Musiktheater im Revier (MiR) wiederum zählt zu den bedeutendsten Theaterbauten der Nachkriegszeit. Wer genug hat von Kultur und Fußball, findet Entspannung in der ZOOM Erlebniswelt, einem Zoo, der ohne Gitterkäfige und Stallungen auskommt. Statt dessen wurden Landschaften nachgebaut, die der natürlichen Heimat der Tiere aus Afrika, Asien und Alaska nahe kommen. Antilopen und Zebras grasen in der Savanne. Und die Kodiakbären haben sogar einen eigenen Wasserfall.

Herne mit den historischen Flottmannhallen, in denen früher Bohrhämmer für den Bergbau produziert wurden, Waltrop mit

Further to the east lies Gelsenkirchen, formerly known as the “city of a thousand fires” on account of its many coalmines and steelworks. All have now been extinguished. The coal and steel industry has gone completely. In its place, the city feeds on the reputation of its football club Schalke 04, which is deeply revered by its fans. Home games are played at the Veltins Arena on a grass pitch laid in a gigantic trough that can be slid out like a drawer. Another famous feature is the 5,000-metre-long system of pipes that is used to transport – beer! However, it would be wrong to reduce this former mining town to the home of a traditional club. There is plenty of industrial culture to see, including for example the “Staircase to Heaven” on the Rheinelbe slag heap, which is reminiscent of an Aztec building. And the Musiktheater im Revier (MiR) is one of the most distinguished theatre buildings of the post-war era. Those who have had enough of culture and football can relax at the ZOOM Erlebniswelt, a zoo that manages without cages and stables. Instead, it has simulated landscapes that resemble the natural habitats of animals from Africa, Asia and Alaska. Antelopes and zebras graze in the savannah, while kodiak bears even have their own waterfall.

Herne with its historic Flottmann-Hallen, where hammer drills for mining were once produced, Waltrop with the famous Henrichenburg boat lift dating back to the emperor’s days, Reckling-

Der Nordsternpark in Gelsenkirchen mit seiner Doppelbogenbrücke über den Rhein-Herne-Kanal ist ein beliebtes Ausflugsziel. Seit der Bundesgartenschau 1997 präsentiert sich das Gelände der alten Zeche Nordstern als schöne Parklandschaft.

The Nordsternpark in Gelsenkirchen with its double-arched bridge over the Rhein-Herne Canal is a popular excursion destination. The site of the old Nordstern mine has been an attractive park since the 1997 federal horticultural show.

Die Herkules-Statue (oben) von Markus Lüpertz auf dem Nordstern-Turm bleibt umstritten. Eine Landmarke und ein Hingucker ist sie auf jeden Fall. Seelöwen schwimmen durch den Glastunnel der ZOOM-Erlebniswelt.

Markus Lüpertz's Hercules statue on the Nordstern tower remains controversial. It is certainly a landmark and an eyecatcher. Sea lions swim though the ZOOM Erlebniswelt's glass tunnel.

VELTINS

Gelungenes Beispiel für den Strukturwandel: Für die Bundesgartenschau 1997 entwarf Stefan Polonyi die Doppelbogenbrücke für Fußgänger und Radfahrer und verband damit die beiden Teile des Nordsternparks. Unter den weißen Zeltdächern, direkt am Rhein-Herne-Kanal, befindet sich das Amphitheater – eine angesagte Location für Konzerte und Aufführungen.

A successful example of structural change, the double-arched bridge for pedestrians and cyclists was designed by Stefan Polonyi for the 1997 federal horticultural show to link the two parts of the Nordsternpark. Beneath the white marquee roof by the Rhein-Herne Canal is the Amphitheater, a popular location for concerts and performances.

Nicht bei den Azteken in Mexiko und auch nicht auf den Osterinseln steht diese Skulptur, sondern auf der Halde Rheinelbe in Gelsenkirchen – und hat etwas Mystisches.

„Himmelstreppe“ hat der Künstler Hermann Prigann sein Objekt genannt, das aus tonnenschweren Teilen einer alten Kokerei besteht.

This sculpture is not to be found on an Aztec site in Mexico or on Easter Island in the Pacific but on the Rheinelbe slag heap in Gelsenkirchen, yet there is something mystical about it. The artist Hermann Prigann called it his “Stairway to Heaven”. It consists of slabs from an old coking plant, each of which weighs tons.

Wie eine Pyramide mutet der Tetraeder (oben) auf der Halde Beckstraße in Bottrop an. Die begehbare Skulptur ist einer der bekanntesten Standorte der Industriekultur. Am Gipfelkreuz der Halde Haniel endet die Karfreitagsprozession.

The Tetraeder (above) on Beckstrasse slag heap in Bottrop looks rather like a pyramid. It is accessible and one of the best-known industrial culture sites. The summit cross of the Haniel slag heap is the destination of the Good Friday procession.

Schloss Herten (oben), 1520 errichtet, gilt als herausragendes Beispiel spätgotischer Baukunst. Mit über 300 Baumarten ist der Schlossgarten ein Paradies für Botaniker.
Die Zeche Ewald mit dem Revue-Palast Ruhr und der Untertagebar ist der bunteste aller Bergbau-Standorte.

Schloss Herten (above), built in 1520, is an outstanding example of Late Gothic architecture. With over 300 species of tree the Schlossgarten is a paradise for botanists.
The Ewald mine, incorporating the Revue-Palast Ruhr and the Untertagebar, is the most colourful of mining sites.

dem berühmten Schiffshebewerk Henrichenburg aus Kaisers Zeiten, Recklinghausen mit dem bedeutendsten Ikonenmuseum außerhalb der Ostkirche – fast jede Stadt rechts und links der Emscher hat touristische Highlights zu bieten. Surreal mutet die aus den Halden Hoheward und Hoppenbruch entstandene Hohe Haldenlandschaft an, die größte ihrer Art in Europa. Aus unglaublichen 180 Millionen Tonnen Abraum ist ein Landschaftspark entstanden, der durch Treppen und Stege erschlossen wurde. Auf dem Gipfelrücken ist in 152 Metern Höhe über NN ein Horizontobservatorium entstanden.
Zwei 46 Meter hohe Halbbögen stellen den Meridian- und den Äquatorbogen dar. Weiter südlich reckt sich der 8,5 Meter hohe Obelisk in die Höhe. Bei gutem Wetter dient er als Sonnenuhr. Zur Winter- und Sommersonnenwende wimmelt es hier von Menschen, die eine an diesem Ort herrschende Mystik zu erspüren glauben. Wie in Stonehenge in Südengland – nur mitten im Ruhrgebiet.

hausen with the most important collection of icons outside the Eastern Orthodox Church – almost every town on the right or left bank of the Emscher has tourist highlights to offer. Among them is the surreal-looking slag landscape that has evolved from the Hoheward and Hoppenbruch slag heaps, the most extensive of its kind in Europe. A landscaped park accessed by stairways and footbridges has emerged from an incredible 180 million tonnes of spoil. On the summit ridge, at a height of 152 metres above mean sea level, a horizon observatory has been erected. Two 46-metre-high semicircular arches represent the meridian arc and the equator arc. Further south, an 8.5-metre-high obelisk towers into the air. In good weather it serves as a sundial. At winter and summer solstices the place teems with people who believe they can sense a prevailing mysticism in this place - as at Stonehenge in southern England, but in the middle of the Ruhr.

Stonehenge des Ruhrgebiets nennt man das Horizontalobservatorium auf der Halde Hoheward in Herten auch. In 152 Metern Höhe treffen Himmel und Erde aufeinander: Zwei 46 Meter hohe Halbbögen stellen den Meridian-Äquatorbogen dar. Weiter südlich zeigt der 8,5 Meter hohe Obelisk gen Himmel – eine Sonnenuhr. Gemeinsam mit der Halde Hoppenbruch bildet Hoheward die größte Haldenlandschaft Europas.

The horizon observatory on Hoheward slag heap in Herten is also known as the Stonehenge of the Ruhr. Heaven and earth meet at a height of 152 metres as two 46 metre high semicircular arches represent the meridian and equator arc. Further south an 8.5-metre obelisk towers into the air. It is also a sundial. Together with the Hoppenbruch slag heap Hoheward is the largest slag heap landscape in Europe.

An Niederrhein und Lippe

Rheinkilometer 780 ist ein ganz besonderer Ort. Hier fließt die Ruhr in den Rhein. Wenn man so will, treffen Rheinland und Ruhrgebiet aufeinander, zwei Kulturen, zwei unterschiedliche Lebensarten vereinigen sich. Ganz bewusst hat der Kölner Bildhauer Lutz Fritsch hier seine Skulptur „Rheinorange“ errichtet. 25 Meter hoch, sieben Meter breit, einen Meter dick und in einem leuchtenden Orange gehalten liefert sie den Kontrast zur graubraunen Patina. Als unübersehbare Landmarke reckt sie sich in den Himmel und symbolisiert den Beginn des Niederrheins mit dem industriell geprägten Duisburg sowie den Kreisen Wesel und Kleve. Was Fläche, Wirtschaftskraft und Bevölkerungszahl angeht, kann der Niederrhein leicht mit kleineren deutschen Bundesländern mithalten. Eine Dynamik, die in Höhe von „Rheinorange“ besonders spürbar wird. Hier nehmen die talwärts fahrenden Tankschiffe, Schubverbände und Containerfrachter mächtig Fahrt auf in Richtung Rotterdam und Amsterdam.

Der Niederrhein ist eine stille Schönheit, doch an manchen Stellen springen den Betrachter die harten Kontraste förmlich an. Zum Beispiel auf dem Alsumer Berg, eine begrünte, ehemalige Schutthalde, deren „Gipfel“ auch von Fotografen überaus geschätzt wird. Zuerst der Blick auf das atemberaubende Industriepanorama von ThyssenKrupp. Mit seinen Hochöfen, Stahlwerk und Kokerei bildet es das industrielle Herz Deutschlands,

On Lower Rhine and Lippe

Kilometre 780 on the Rhine is a very special place; it is where the Ruhr flows into the Rhine, where – if you like – the Rhineland and the Ruhr region meet, where two cultures, two different ways of life are united. It is where the Cologne sculptor Lutz Fritsch deliberately chose to locate his Rhine Orange. Twenty-five metres tall, seven metres wide, one metre thick and luminous orange in colour, it stands out in contrast from the greyish brown patina. A conspicuous landmark, it reaches out into the sky, symbolising the start of the Lower Rhine with industrial Duisburg and the districts of Wesel and Kleve. For surface area, economic power and population the Lower Rhine is more than a match for smaller German federal states, and this dynamism is especially evident at the Rhine Orange, where tankers, pushed barge trains and container freighters, all out there in strength, head downstream toward Rotterdam and Amsterdam.

The Lower Rhine is quietly beautiful, but in some places the stark contrasts are particularly striking. The Alsumer Berg is one such – not a mountain but a former colliery slag heap, now grassed over, with “peaks” that are popular with photographers. The first sight you see is the breathtaking industrial panorama of ThyssenKrupp. With its blast furnaces, steelworks and coking plant it is Germany’s industrial heartland, maybe even Europe’s. Turn to one side and you have an incomparable view of the flat

„Rheinorange“ heißt die Skulptur, die der Kölner Bildhauer Lutz Frisch 1992 an der Ruhrmündung in den Rhein bei Duisburg-Neuenkamp errichtet hat. Der 25 Meter hohe und sieben Meter breite Quader ist eine weithin bekannte Landmarke und bietet in leuchtendem Orange einen Kontrast zur graubraunen Industriepatina ringsum.

“Rhine Orange” is the name of the work that the Cologne sculptor Lutz Frisch erected in 1992 at the confluence of the Ruhr and the Rhine near Duisburg-Neuenkamp. Twenty-five metres tall and seven metres wide, it is a well-known landmark in a brilliant orange that contrasts with the surrounding greyish brown industrial patina.

Mit seinen wunderschönen Terrassengärten, die in den 1740er-Jahren angelegt wurden, galt das Kloster Kamp einst als Konkurrenz des zeitgleich errichteten Rokoko-Schlosses Sanssouci in Potsdam. Mönche leben schon lange nicht mehr hier. Seit 2003 ist Kloster Kamp ein geistliches und kulturelles Zentrum in der alten Bergbaustadt.

With its beautiful terraced gardens laid out in the 1740s, Kloster Kamp used to be seen as competing with the Rococo Palace of Sanssouci in Potsdam, built at the same time. A monastery maybe, but monks have not lived here for ages. Since 2003 Kloster Kamp has been a spiritual and cultural centre in the centre of the old mining town.

vielleicht sogar Europas ab. Nach einer halben Kopfdrehung bietet sich dann eine unvergleichliche Sicht auf den flachen, ländlichen Niederrhein. Wenige Kilometer flussabwärts ein ähnlicher Stimmungswechsel: Am Walsumer Ufer legt die Fähre „Glück auf" im Schatten des gigantischen Kohlekraftwerks ab – um wenig später im beschaulichen, mittelalterlichen Niederrhein-Örtchen Orsoy zu landen, das zu Rheinberg gehört.

Ein Wechselbad der Gefühle erlebt die alte Bergbaustadt Kamp-Lintfort. Zunächst herrschte Trauer und Betroffenheit, als im Dezember 2012 das letzte Bergwerk dicht gemacht wurde. Eine gut 100-jährige Ära war zu Ende gegangen. Jetzt herrscht Aufbruchstimmung. Auf dem ehemaligen Zechengelände hat die neue Hochschule Rhein-Waal einen Campus errichtet. Zu allen Zeiten sehenswert ist das von Zisterziensermönchen ab 1123 errichtete Kloster Kamp, das auf einem Berg liegt. Im 18. Jahrhundert legten die Ordensmänner dann auf dem Südhang einen wunderschönen Terrassengarten an, der sogar als Konkurrenz des zeitgleich von Preußenkönig Friedrich II. errichteten Rokoko-Schlosses Sanssouci in Potsdam galt.

Die 100 000-Einwohnerstadt Moers beeindruckt mit einem wunderschönen Park. Mittendrin ein Schloss, dessen Ursprung bis ins 11. Jahrhundert zurückreicht. Und in dessen Katakomben das renommierte Schlosstheater residiert und sich als Deutschlands kleinstes Stadttheater bezeichnen darf. Gleich nebenan

and rural Lower Rhine. Just a few kilometres downstream there is a further change of mood. On the Walsum bank of the river the "Glück auf" ferry sets sail from the lee of a gigantic coal-fired power station to land a little later at the picturesque mediaeval Lower Rhine village of Orsoy, now part of Rheinberg.

The old mining town of Kamp-Lintfort has lately experienced an emotional roller coaster, starting in December 2012 when people were sad and upset at the closure of the last coalmine, marking the end of an era that had lasted well over a century. The mood is more upbeat since the new Rhein-Waal University set up a campus on the old colliery site. Kloster Kamp, a hilltop monastery founded by Cistercian monks in 1123, is always worth a visit. In the eighteenth century the monks laid out a beautiful south-facing terraced garden that was even felt to rival that of Frederick the Great of Prussia's Rococo Palace of Sanssouci in Potsdam, built at around the same time.

Moers, a city of 100,000 people, boasts a truly beautiful park built around a palace dating back to the eleventh century. The renowned Schlosstheater, sited in its catacombs, can claim to be Germany's smallest municipal theatre. Right next to it is the city centre with its Altstadt flair, so in Moers you can combine a city stroll, a walk and a visit to the theatre.

Further west is Xanten, founded by the Romans over 2,000 years ago. Colonia Ulpia Traiana was the northernmost outpost of the

die Innenstadt mit ihrem altstadtähnlichen Flair. Stadtbummel, Spaziergang und Theaterbesuch an einem Stück – hier ist es möglich.

Weiter westlich liegt Xanten, das vor über 2000 Jahren von den Römern gegründet wurde. „Colonia Ulpia Traiana“ war damals der nördlichste Außenposten des römischen Reichs. Bis zu 10 000 Menschen lebten hier. Heute erinnert der Archäologische Park Xanten an diese 400 Jahre währende Epoche. Imposante Rekonstruktionen wie das Amphitheater und die Badeanlagen, aber auch das LVR-RömerMuseum laden zu spannenden Entdeckungsreisen in die Vergangenheit ein. Untrennbar ist Xanten mit Siegfried verbunden, dem Drachentöter aus der Nibelungensage. Er wurde hier geboren. Mitten in der historischen Altstadt zeigt das SiegfriedMuseum zahlreiche Facetten des Nibelungenmythos.

Eher unspektakulär geht es dagegen an der Lippe zu. Der Halterner Stausee, von drei Lippezuflüssen gespeist, gilt als grüne Lunge des Ruhrgebiets und ist ein Eldorado für Wassersportler. Nicht weit entfernt: die Westruper Heide als letzte große Heidelandschaft des Ruhrgebiets und zugleich Rückzugsraum für viele Tiere. Preußens Glanz und Gloria spürt der Besucher im alten Schiffshebewerk Henrichenburg in Waltrop am Dortmund-Ems-Kanal, das der damalige deutsche Kaiser Wilhelm II. 1899 persönlich einweihte. Bis 1970 war es in Betrieb. Auch heute gilt

Roman Empire with a population of up to 10,000. Today, Xanten Archaeological Park recalls an era that lasted for 400 years. Impressive reconstructions like the amphitheatre and the Roman baths invite visitors to go on exciting voyages of discovery into the past, as does the LVR-RömerMuseum. Xanten is inseparably associated with Siegfried, the dragon slayer of the Nibelungen saga. He was born here, and in the heart of the historic Altstadt the SiegfriedMuseum features numerous facets of the Nibelungen myth.

The Lippe is somewhat less spectacular. Fed by three tributaries of the Lippe, the Haltern reservoir is seen as the “green lung” of the Ruhr and is an Eldorado for water sports enthusiasts. Not far away from it, the Westruper Heide is the region’s last large expanse of heathland and place of refuge for many animals. You still can recall the glory days of Prussia at the old Henrichenburg boat lift in Waltrop on the Dortmund-Ems Canal, inaugurated by Kaiser Wilhelm II in person in 1899. In use until 1970, it is still regarded as a technical masterpiece and admired by visitors from all over the world. Marl is probably the most frequently mentioned town in the Lippe region, due in part to the Grimme Prize, the foremost award for TV programmes in Germany. Marl’s Chemiepark is also world-renowned as the home of the Evonik industrial group, which employs 10,000 people there. Marl’s centuries-old mining era ended in 2015 with the closure of the sadly-

Fantastischer Blick (oben) von der Rheinbrücke in Wesel. Stromabwärts erreichen die Schiffe von hier aus Rotterdam in weniger als 20 Stunden. Gegen den Strom dauert es natürlich länger. Das Wasserschloss Haus Coull in Straelen war früher ein Rittergut.

The fantastic view from the Rhine bridge in Wesel (above). Ships heading downstream reach Rotterdam in less than 20 hours. Upstream takes longer, of course. Haus Coull, a moated castle in Straelen, used to be a manorial estate.

In der 1854 erbauten Stammenmühle (oben) im Nettetaler Stadtteil Hinsbeck wurde bis 1928 Korn gemahlen.
Haus Steprath in Walbeck bei Geldern, in der Mitte des 16. Jahrhunderts erstmals urkundlich erwähnt, gehört zu den zahlreichen ehemaligen Adelssitzen am Niederrhein.

Grain was milled in the Stammenmühle (above), built in 1854, until 1928 in Hinsbeck, Nettetal. Haus Steprath in Walbeck near Geldern, first recorded mention in the mid-16th century, is one of many former stately homes on the Lower Rhine.

Der Alte Rhein bei Xanten und die Bislicher Insel bilden eine der größten naturnahen Auenlandschaften am unteren Niederrhein. Abseits der größten Wasserstraße Europas leben hier zahlreiche Tierarten in dem fast elf Quadratkilometer großen Naturschutzgebiet. Erkunden lässt sich das Areal am besten vom NaturForum des Regionalverbands Ruhr in Xanten.

The Alter Rhein near Xanten and Bislich island are one of the largest near-natural flood plain areas on the lower reaches of the Niederrhein. Away from Europe's largest waterway many animal species thrive in a nature conservation area of nearly 11 square kilometres. It is best explored via the NaturForum of the Regionalverband Ruhr in Xanten.

der gigantische Schiffslift noch als technisches Wunderwerk und wird von Besuchern aus aller Welt bestaunt. Marl ist vermutlich die am häufigsten genannte Stadt in der Lipperegion. Das liegt zum einen am Grimme-Preis, der renommiertesten Auszeichnung für Fernsehsendungen in Deutschland. Weltweit bekannt ist aber auch der Chemiepark Marl, in dem der Industriekonzern Evonik über 10 000 Menschen beschäftigt. Die über Jahrhunderte andauernde Bergbau-Ära in Marl endete 2015 mit der tränenreichen Schließung der Zeche Auguste Victoria, damals das leistungsfähigste Bergwerk des Ruhrgebiets.

Der Bergbau, der schon im 19. Jahrhundert von der Ruhr aus in Richtung Norden wanderte und dort in immer größere Tiefen vorstieß, verhalf den Städten im Lipperaum zunächst zu Wohlstand und Reichtum – um sie dann im Zuge der Kohlekrise in einen brutalen Strukturwandel zu zwingen, bei dem das „schwarze Gold“ keine Rolle mehr spielte.

So kann Bergkamen, einst die größte Bergbaustadt Europas, heute mit einem der größten Sportboothäfen des Landes punkten. In Lünen wiederum montierte der Designer Luigi Colani ein flaches Ei auf das Fördergerüst der ehemaligen Zeche Minister Achenbach – das Colani-Ufo erlangte bundesweite Berühmtheit und wurde zu einem der Wahrzeichen der Stadt. Gleiches gilt auch für Hamm weit im Osten, wo der Künstler Horst Rellecke die klobige Kohlenwäsche der Zeche Maximilian mit viel Glas

missed Auguste Victoria colliery, at the time the most productive mine in the Ruhr.

Mining, moving north from the Ruhr in the nineteenth century into ever greater depths, first brought prosperity and wealth to the Lippe towns, only to impose brutal structural change on them in the course of a coal crisis that ended with the "black gold" no longer playing a part in the local economy.

That was how Bergkamen, once the largest mining town in Europe, came to make a name for itself with one of the state's largest marinas, while in Lünen the designer Luigi Colani added a flat egg-shaped structure to the winding tower of the former Minister Achenbach colliery. The Colani Ufo, as it came to be known, attained nationwide fame and is a landmark of the town. The same applies to Hamm, well to the east, where the artist Horst Rellecke converted the Maximilian colliery's bulky coal washing plant with a great deal of glass and steel into a glass elephant 35 metres tall. Around it is a beautiful wild garden. Between them they make the Maximilianpark a popular excursion destination.

At Wesel, far to the west once more, the Lippe flows into the Rhine. Not far away the former towpath village of Krudenburg dozes away. In the Middle Ages it was a staging post; today it looks as though time had passed it by unnoticed. The horses were changed here that pulled the barges upstream on long

Das Strandbad Silbersee II (oben) in der Nähe des Halterner Stausees mit seinem 800 Meter langen Naturstrand entstand aus einem Baggersee. Das Klever Tor in Xanten stammt aus dem 14. Jahrhundert. Im Hintergrund die Türme des Doms St. Viktor.

Silbersee II beach (above) near Haltern reservoir with is 800 metres of natural beach took shape from a gravel pit. The Klever Tor in Xanten dates back to the 14th century. In the background are the spires of St. Viktor's Cathedral.

Die Römerzeit im Archäologischen Park in Xanten (oben), das vor 2000 Jahren Colonia Ulpia Traiana hieß, mit dem Römischen Hafentempel. Schloss Moyland in Bedburg-Hau gehört zu den wichtigsten neugotischen Bauten in NRW und beherbegt eine Joseph Beuys Sammlung mit Archiv.

The Roman era in the Archaeological Park in Xanten (above), or Colonia Ulpia Traiana as it was called 2,000 years ago, with the Roman harbour temple. Schloss Moyland in Bedburg-Hau is one of North Rhine-Westphalia's most important neo-Gothic buildings with its Joseph Beuys collection and archive.

Als letzte wirklich große Heidelandschaft des Ruhrgebiets gilt die Westruper Heide, die an den Halterner See grenzt. Schmale sandige Wege führen vorbei an riesigen Wacholderbüschen, kleinen Dünen und vielen Tieren, die hier ihren Rückzugsraum gefunden haben. Ihre Entstehung hat indirekt mit dem Bergbau zu tun. Die Zechen brauchten Grubenholz, das Vieh knabberte die nachwachsenden Bäumchen ab.

The Westruper Heide, adjoining the Halterner See, is said to be the last large area of heathland in the Ruhr. Narrow sandy paths pass huge juniper bushes, small dunes and many animals that found a habitat there. Indirectly, it owes its origin to mining. The mines needed pit props and the animals nibbled away at the saplings.

Aus Kaisers Zeiten stammt das Schiffshebewerk Henrichenburg am Dortmund-Ems-Kanal bei Waltrop. Bis heute gilt der gigantische Schiffslift als technisches Wunderwerk und ist eine der Hauptattraktionen der Route der Industriekultur. Das Museum informiert über Technik und Geschichte des 1899 eingeweihten Bauwerks.

Henrichenburg boatlift on the Dortmund-Ems Canal near Waltrop dates back to the Kaiser's days. Still considered to be a technical masterpiece, it is one of the main attractions on the Industrial Culture Route. The museum deals with the technology and history of the boat lift, which was inaugurated in 1899.

Der Designer Luigi Colani montierte auf das Fördergerüst der ehemaligen Zeche Achenbach in Lünen-Brambauer ein flaches Ei (oben). Im Landsitz Haus Esselt in Hünxe, zu dem ein Museum gehört, verbrachte der Künstler Otto Pankok seine letzten Lebensjahre.

The designer Luigi Colani built a flat egg on top of the winding tower of the former Achenbach mine in Lünen-Brambauer (above). Haus Esselt in Hünxe, which incorporates a museum, was where the artist Otto Pankok spent the last years of his life.

Wer die Lippe bei Haltern-Flaesheim mit der seilgebundenen Personenfähre „Maifisch“ (oben) überqueren will, muss selbst kurbeln. In den Hallen der Zeche Waltrop mit seiner historischen Architektur residiert neben anderen das Manufactum Warenhaus.

To cross the Lippe at Haltern-Flaesheim by the passenger cable ferry “Maifisch” (above) you must crank the cable yourself. The workshops of the Waltrop mine with its historic architecture is now home to, inter alia, the Manufactum store.

und Stahl in einen 35 Meter hohen Glaselefanten umbaute. Drumherum ein wunderschöner, wilder Garten. Beide machen den Maximilianpark zu einem beliebten Ausflugsziel.
Bei Wesel, wir sind jetzt wieder weit im Westen, fließt die Lippe in den Rhein. Nicht weit davon schlummert das ehemalige Treideldorf Krudenburg vor sich hin, das im Mittelalter als Poststation diente und heute anmutet, als sei es aus der Zeit gefallen. Hier wurden die Pferde gewechselt, die an langen Leinen die Lastkähne flussaufwärts zogen. Einen Besuch wert ist auch Haus Esselt in Hünxe-Drevenack. Auf dem idyllischen Landsitz aus dem 17. Jahrhundert lebte bis 1966 der Maler, Zeichner und Bildhauer Otto Pankok, einer der großen Künstler, die das Ruhrgebiet hervorgebracht hat. Viele seiner Werke sind hier ausgestellt. Es ist eine Oase der Ruhe, voller Genuss.

ropes. Haus Esselt in Hünxe-Drevenack is also worth a visit. An idyllic seventeenth-century country estate, it was home until 1966 to the painter, draughtsman and sculptor Otto Pankok, one of the Ruhr region's great artists. Many of his works are on show there in an oasis of peace and quiet that is a real pleasure.

Früher stand hier die Zeche Maximilian, heute begeistert der Maximilianpark in Hamm die Besucher durch seinen wunderschönen, wilden Garten mit Stauden und Gräsern. Das größte tropische Schmetterlingshaus in NRW beherbergt zahlreiche Falterarten, die von März bis Oktober frei herumflattern. Wahrzeichen des Parks ist die einstige Kohlenwäsche, die der Künstler Horst Rellecke für die Landesgartenschau 1984 mit viel Glas und Stahl zu einem 35 Meter hohen Glaselefant umgebaut hat.

This used to be the site of the Maximilian mine in Hamm. Today the Maximilianpark delights visitors with its gorgeous wild garden full of herbaceous perennials and grasses. The largest tropical butterfly house in North Rhine-Westphalia is home to numerous butterfly species that fly around freely from March to October. The park's landmark is the former coal washing plant, which the artist Horst Rellecke transformed with lots of glass and steel into a glass elephant 35 metres tall for the 1984 state horticultural show.

Autoren, Bildnachweis, Impressum/ Authors, Photo credits, Imprint

Autor/Author
Prof. Dr. Hans-Peter Noll, geb.1959, ist seit Juni 2018 Vorstandsvorsitzender der Stiftung Zollverein. Von 1998 an war er Geschäftsführer der RAG Montan Immobilien GmbH. Er studierte Geographie in Bochum und war nach Abschluss seines Studiums und anschließender Promotion zum Dr. rer. nat. Lehrbeauftragter an mehreren deutschen Hochschulen. Im Jahr 2000 erhielt er die Honorarprofessur an der Ruhr-Universität Bochum und ist Mitglied im Direktorium des Instituts für Berg- und Energierecht. Er war u. a. Vorstandsmitglied der Stiftung Industriedenkmalpflege und Geschichtskultur, Mitglied im Beirat GeoPark Ruhrgebiet e.V. und hat sich in unterschiedlichsten Tätigkeiten, Gremien und Veröffentlichungen intensiv mit dem Strukturwandel des Ruhrgebietes befasst.

Prof. Dr. Hans-Peter Noll, born in 1959, has since June 2018 been board chairman of the Zollverein Foundation. From 1998 he was the managing director of RAG Montan Immobilien GmbH. He studied geography in Bochum, obtaining a doctorate (Dr. rer. nat.), and went on to teach at several German universities. Awarded an honorary professorship at the Ruhr-Universität Bochum in 2000, he is a board member of the Department of Mining and Energy Law. He has served inter alia as a board member of the Stiftung Industriedenkmalpflege und Geschichtskultur and an advisory board member of the GeoPark Ruhrgebiet e.V. and has dealt intensively with structural change in the Ruhr in a wide range of activities and publications.

Fotograf/Photographer
Jochen Tack, geb. 1962, von 1986 bis 1991 Fotograf in der überregionalen Reportageredaktion der WAZ, außerdem zuständig für Reise, Freizeit, TV, Jugend und Wochenendbeilagen. Seit 1991 selbstständiger Fotograf. Schwerpunkt ist die fotografische Arbeit für Zeitungen, Magazine, Buchverlage, Unternehmen, Behörden, Institutionen. Ein Fokus liegt auf touristischen Themen für Hotels, Airlines, Fremdenverkehrsämter, Buchverlage, Reisemagazine.

Jochen Tack, born in 1962, was from 1986 to 1991 a photographer at the national reportage desk of the Westdeutsche Allgemeine Zeitung, where he was also in charge of travel, leisure, TV and youth coverage and weekend supplements. A freelance photographer since 1991, he works mainly for newspapers, magazines, book publishers, companies, authorities and institutions. A focus of his work is on tourist topics for hotels, airlines, tourist offices, book publishers and travel magazines.

Bildnachweis/Photo credits
Alle Bilder von Jochen Tack, Essen, außer:
Bundesarchiv/Egon Steiner: 6 u.r.; Huber images: 12 o.r., 30 u.l., 30 o.r., 30 u.r., 46/47, 58 o.r., 74/75, 78/79 (Günter Gräfenhain), 12 u.r., 17 o.r., 19 l., 20 u.r. (Corrado Piccoli), 17 u.r., 67 o.l. (Reinhard Schmid), 9 u.l., 19 u.r., 53 o.r. (Heinz-Joachim Jockschat), 25, 71 o.r. (Manfred Mehlig), 35 (TC), 64 (Frank Lukasseck), 67 o.r. (Damm Friedmar), 67 u.l., 67 u.r., 68/69, 71 u.r. (Holger Klaes); picture alliance: 5 (Caroline Seidel/dpa); Guntram Walter, Erkrath: 17 u.l.; Wikimedia Commons: 6 l. (Morty/CC-BY-SA 3.0), 6 o.r. (Lwl-Zeche-Nachtigall), 71 o.l., 72/73 (Dietmar Rabich/CC-BY-SA 4.0), 76 u.l. (Michael Belter/CC-BY-SA 3.0)

Bibliografische Information der Deutschen Nationalbibliothek
Die Deutsche Nationalbibliothek verzeichnet diese Publikation in der Deutschen Nationalbibliografie; detaillierte bibliografische Daten sind im Internet über http://dnb.d-nb.de abrufbar.

ISBN 978-3-8319-0745-8

Text und Bildunterschriften/Text and captions: Hans-Peter Noll, Essen
Redaktion: Rolf Kiesendahl, Sophie Niemann
Übersetzung ins Englische/English translation: Paul Bewicke, London
Gestaltung/Design: BrücknerAping Büro für Gestaltung GbR, Bremen
Gesamtherstellung/Production: PRINTVIT, Breslau

www.ellert-richter.de
www.facebook.com/EllertRichterVerlag